Parfois, Il Faut Fermer Les Yeux Pour Voir

*Sometimes,
You Have to
Close Your Eyes
to See*

REFLECTIONS, SONNETS & ILLUSTRATIONS

Marjory Sheba

All rights reserved Copyright 2025 ©
by Marjory Sheba

No portion of this book may be used or re-printed, in part or whole, without the written permission of the author.

Cover Photo: RS Photography

PREFACE

When my father passed away in 2024, I felt like I had been thrust into an endless night—one where no sunrise seemed possible. Grief enveloped me, not just as sadness, but as a profound questioning of everything I thought I knew about life, love, and God. In that darkness, the world outside offered no answers; it was only when I turned inward, into the sanctuary of my soul, that I began to find the light again. I discovered that the path to healing wasn't about escaping the pain, but about facing it— about meeting God in the silent, sacred spaces within. This book is a reflection of that journey, a guide for those who, like me, are searching for meaning in the midst of loss.

Sometimes, we must descend deeply into our inner world, into the depths where our rawest emotions and God's greatest truths reside, to rise again renewed. For it is there, in the quiet recesses of our spirit, that we encounter the eternal love and light of the One who never leaves us.

Your questions and ponderings are an invitation to a deeper conversation with yourself, a call to explore the quiet corners of your being where clarity and truth patiently wait. When the outside world grows too loud, the answers you seek are found by journeying inward, listening not to the noise, but to the still voice of your intuition. In this inner sanctuary, where the mind quiets and the heart opens, you uncover wisdom that has always been a part of you—-timeless and unwavering. To access it, you must trust the unseen, surrender the need for your old "certainty", and embrace the unknown. Sometimes you have to enter the silence to hear. Sometimes you have to close your eyes to see.

Affectionately,
Marjory Sheba

PREFACE

Lorsque mon père est décédé en 2024, j'ai eu l'impression d'être plongée dans une nuit sans fin, où aucun lever de soleil ne semblait possible. Le chagrin m'a enveloppée, non seulement sous forme de tristesse, mais aussi comme une profonde remise en question de tout ce que je pensais savoir sur la vie, l'amour et Dieu. Dans cette obscurité, le monde extérieur n'offrait aucune réponse ; ce n'est que lorsque je me suis tournée vers l'intérieur, vers le sanctuaire de mon âme, que j'ai commencé à retrouver la lumière. J'ai découvert que le chemin vers la guérison ne consistait pas à échapper à la douleur, mais à l'affronter, à rencontrer Dieu dans les espaces silencieux et sacrés de l'intérieur. Ce livre est le reflet de ce voyage, un guide pour ceux qui, comme moi, cherchent un sens au milieu de la perte.

Parfois, nous devons descendre profondément dans notre monde intérieur, dans les profondeurs où résident nos émotions les plus brutes et les plus grandes vérités de Dieu, pour nous relever renouvelés. Car c'est là, dans les recoins silencieux de notre esprit, que nous rencontrons l'amour et la lumière éternels de Celui qui ne nous quitte jamais.

Vos questions et reflexions sont une invitation à une conversation plus profonde avec Dieu, un dialogue sacré qui commence lorsque vous osez vous tourner vers l'intérieur. Dans le silence de votre âme, là où le bruit du monde s'estompe, Dieu parle d'une manière qui transcende les mots - par la paix, par la connaissance, par une présence qui vous enveloppe doucement. C'est là, dans le silence, que vous trouverez des réponses non pas comme des solutions fugaces, mais comme des vérités éternelles ancrées dans Son amour. Pour y accéder, il faut faire confiance à l'invisible, abandonner le besoin de ses anciennes « certitudes » et accueillir l'inconnu. Parfois, il faut entrer dans le silence pour entendre. Parfois, il faut fermer les yeux pour voir.

Affectueusement,
Marjory Sheba

INTRODUCTION

Close your eyes. Take a slow and deep breath. Think forward for a moment: See yourself watching yourself from an exterior view, with a broader perspective. Now, open your eyes. Your inner eyes. Are you the observer or the observed? Who has the greater advantage and who has the greater opportunity?

Too often, our minds linger on what wounds us, while we overlook the quiet forces that sustain and heal us. In doing so, we forget to celebrate, to give thanks, to embrace the miracle of simply being.

Imagine a grand celebration prepared just for you- every detail lovingly arranged— yet instead of delighting in it, you fixate on a single misplaced decoration, allowing it to sour the moment. Such is the folly of dwelling on disappointments in a life that itself is a gift, a day that was never promised, a body still capable of feeling, sensing, and experiencing wonder.

In that same thought, true vision isn't bound by what the eyes perceive—it lives deeper, in the quiet spaces of the soul. When the manifestations of the physical world disappears, a divine way of seeing emerges.

This book is an invitation to access that deeper sight, through channels such as intuition, alignment, insight, synchronicity and faith, you'll explore the many ways we are called to see beyond visual illusions and into spiritual essence. As you explore these concepts, ask yourself what long-lost wisdom awaits beyond the curtain of your sight, eager to be revealed?

INTRODUCTION

Fermez les yeux. Prenez une inspiration lente et profonde. Projetez-vous un instant: Imaginez-vous en train de vous regarder depuis un point de vue extérieur, avec une perspective élargie. Maintenant, ouvrez les yeux. Vos yeux intérieurs. Êtes-vous l'observateur ou l'observé ? Qui a le plus grand avantage et qui a la plus grande opportunité ?

Trop souvent, notre esprit s'attarde sur ce qui nous blesse, tandis que nous négligeons les forces tranquilles qui nous soutiennent et nous guérissent. Ce faisant, nous oublions de célébrer, de remercier, d'embrasser le miracle de simplement être.

Imaginez une grande fête préparée spécialement pour vous, chaque détail arrangé avec amour, mais au lieu de vous en réjouir, vous vous fixez sur une seule décoration mal placée, lui permettant de gâcher le moment. Telle est la folie de s'attarder sur les déceptions dans une vie qui est en elle-même un cadeau, une journé qui n'a jamais été promise, un corps encore capable de sentir, ressentir, et d'expérimenter l'émerveillement.

Dans cette même pensée, la véritable vision ne se limite pas à ce que les yeux perçoivent ; elle se niche plus profondément, dans les espaces silencieux de l'âme. Lorsque les manifestations du monde physique disparaissent, une vision divine émerge.

Ce livre est une invitation à accéder à cette vision plus profonde. Grâce à des canaux tels que l'intuition, l'alignement, la perspicacité, la synchronicité et la foi, vous explorerez les nombreuses façons dont nous sommes appelés à voir au-delà des illusions visuelles et à pénétrer l'essence spirituelle. En explorant ces concepts, demandez-vous quelle sagesse, longtemps perdue, vous attend au-delà du rideau de votre vue, impatiente d'être révélée ?

Intuition

Seeing begins within.

*What truth emerges when you
stop seeking external validation?*

Trust that your intuition is the divine whisper,
guiding you toward truth.

L'Intuition

La vision commence à l'intérieur.

*Quelle vérité émerge lorsque vous cessez de
rechercher une validation externe ?*

*Ayez confiance que votre intuition est le murmure divin
qui vous guide vers la vérité.*

Insight

The answers you seek,
reside in the quiet spaces of your being.

What wisdom is waiting in the silence of your soul?

La Perspicacité

Les réponses que vous cherchez résident dans les espaces calmes de votre âme.

*Quelle sagesse vous attend
dans le silence de votre âme ?*

Revelation

In stillness, you meet the presence of God,
who calms storms and reveals all things.

In Silence, your Soul speaks. Are you listening?

La Révélation

Dans le calme vous rencontrez la présence de Dieu,
qui apaise les tempêtes et révèle toutes chose.

*Dans le silence, votre âme parle.
L'écoutez-vous ?*

Surrender is Key

Surrender is not defeat—it is freedom. When you release the need to control everything, you make space for life to unfold in ways far greater than you could plan. Surrendering is an act of trust, a deep exhale that allows wisdom to emerge from within and guide you. It is in letting go that you find your truest power.

What becomes possible when you stop resisting, and allow life to flow through you?

L'abandon est La Clé

L'abandon n'est pas une défaite, c'est la liberté. Lorsque vous vous libérez du besoin de tout contrôler, vous faites de la place pour que la vie se déploie de manière bien plus grande que ce que vous auriez pu prévoir. L'abandon est un acte de confiance, une expiration profonde qui permet à la sagesse d'émerger de l'intérieur et de vous guider. C'est en lâchant prise que vous trouvez votre véritable pouvoir.

Que deviant-il possible lorsque vous cessez à résister et permettez dans la vie de circuler à travers vous ?

Perspective

The world outside mirrors the truths you need to confront your world within.

What happens when you shift the lens through which you see?

Perspective

Le monde extérieur reflète les vérités que vous devez affronter en vous.

Que se passe-t-il lorsque vous changez la lentille à travers laquelle vous voyez ?

Inner Knowing

Your spirit is a cathedral where love,
wisdom, and divinity converge.

*Do you trust what you know
before you can explain it?*

Connaissance Intérieure

Votre esprit est une cathédrale ou l'amour, la sagesse et
la divinité convergent.

*Faites-vous confiance à ce que vous savez avant de
pouvoir l'expliquer ?*

Clarity

Meditation is the art of returning to yourself,
peeling back the layers of distraction
to see the world—and your place within it—more clearly.
In stillness, the noise fades, and what once felt overwhelming dissolves into simplicity. Each breath becomes a doorway, inviting you to rest in the clarity of the present moment. The more you quiet the mind, the more you awaken to a world of possibilities that were always there, waiting to be noticed.

What distractions must you release to find true clarity?

Clarté

La méditation est l'art de revenir à vous-même,
de retirer les couches de distraction
pour voir le monde – et votre place en son sein – plus clairement. Dans le silence, le bruit s'estompe et ce qui semblait autrefois écrasant se dissout dans la simplicité. Chaque respiration devient une porte d'entrée, vous invitant à vous reposer dans la clarté du moment présent. Plus vous apaisez l'esprit, plus vous vous éveillez à un monde de possibilités qui ont toujours été là, attendant d'être remarquées.

Quelles distractions devez-vous vous débarrasser pour trouver la véritable Clarté ?

Awakening

The darkness you fear is often just a
call to activate your own light.

*What will be the first thing you'll see,
when you wake up spiritually?*

L'Éveil

L'obscurité que vous craignez n'est souvent
qu'un appel à activer votre propre lumière.

*Quelle sera la première chose que vous verrez,
Lorsque vous vous réveillerez spirituellement ?*

Soul's Gaze

Every being and moment in your life
Reflects an aspect of yourself asking to be seen.
The Soul sees through the veils of illusion.

*What does your soul see
that your eyes cannot?*

Le Regard de L'ame

Chaque être et chaque moment de votre vie reflètent un aspect de vous-même qui demande à être vu.
L'âme voit à travers les voiles de l'illusion.

*Que voit votre âme
Que vos yeux ne peuvent pas voir ?*

Inner Light

You are not fragmented; every part of you is sacred and always seeking reconciliation.

What part of you shines even in darkness?

Lumière Intérieure

Vous n'êtes pas fragmenté ; chaque partie de vous est sacrée et cherche toujours la réconciliation.

Quelle partie de vous brille même dans l'obscurité ?

Alignment

When one is truly at peace with his or her belief, he isn't rubbed by the 'contradictions' he finds in another's beliefs. He knows that truth is always revealed from within.
Hence, there is nothing to prove or disprove to anyone.

When your soul and your path match
clarity becomes effortless.

*How do you show up
when you are in tune with your purpose?*

Alignement

Quand on est vraiment en paix avec ses croyances, on n'est pas irrité par les » contradictions » qu'on trouve dans les croyances des autres. On sait que la vérité se révèle toujours de l'intérieur. Par conséquent, il n'y a rien à prouver ou à réfuter à qui que ce soit.

Lorsque votre âme et votre chemin correspondent,
la clarté devient sans effort.

*Comment apparaissez-vous lorsque vous etes en
phase avec votre objectif ?*

Meditate and Pray.

A clearer world awaits…
There is memory in each of us
Beyond what we have lived,
Beyond what we've been taught,
Beyond what our eyes have seen.
Our hearts know things
Our brains have never memorized.
Only in purified Spirit, true stillness and focusness
Could we come to know these treasures.

Méditer et Prier.

Un monde plus clair nous attend…
Il y a une mémoire en chacun de nous
Au-delà de ce que nous avons vécu,
Au-delà de ce qu'on nous a appris,
Au-delà de ce que nos yeux ont vu.
Notre coeur sait des choses
Notre cerveau n'a jamais mémorisé.
Ce n'est que dans l'Esprit purifié,
dans le véritable calme et la concentration
que nous pourrions connaître ces trésors.

The Inner Child Speaks
— a sonnet —

The wounds of your past hold the wisdom for your healing,
If you choose to listen—sit still, breathe in deep.
The hush of the soul knows the art of revealing
What lies in the silence your shadows still keep.

A voice long forgotten, so tender, so true,
Whispers through tears in the softest of tones:
"I waited through ages, just waiting for you
To gather the pieces from all you've outgrown."

Oh, cradle the child you buried in fear—
The laughter, the questions, the wild-hearted dreams.
Restore what was shattered, draw that self near,
And walk through the light of your love's steady beams.

Let pain be a teacher, not prison or chain—
The child in your heart still can dance in the rain.

L'enfant Intérieure Parle
— un sonnet —

Les blessures de votre passé confinent la sagesse nécessaire de votre guérison.
Si vous choisissez d'écouter, restez assis, inspirez profondément.
Le silence de l'âme sait révéler
Ce qui se cache dans le silence que vos ombres gardent encore.

Une voix oubliée depuis longtemps, si tendre, si vraie,
Chuchote à travers les larmes, d'une voix douce :
« J'ai attendu des siècles, attendant juste que tu
rassembles les morceaux de tout ce que tu as dépassé. »

Oh, berce l'enfant que tu as enfoui dans la peur —
Les rires, les questions, les rêves fous.
Rétablis ce qui a été brisé, rapproche-toi de ce moi,
Et marche à travers la lumière des rayons constants de ton amour.

Que la douleur soit un enseignant, pas une prison ou une chaîne —
L'enfant dans ton cœur peut encore danser sous la pluie.

Discernment

Your fears and doubts are teachers,
asking you to lean into them for understanding.

*How do you differentiate between
reason and intuition?*

Discernement

Vos peurs et vos doutes sont des enseignants,
Vous demandant de vous y appuyer pour comprendre.

Comment differencier la raison de l'intuition ?

Spiritual Sight

The heart is a gateway to divine truth;
it speaks when the mind grows quiet.

The unseen world often speaks louder than the visible one.

Are you paying attention?

La Vision Spirituelle

Le Coeur est une porte d'entrée vers la vérité divine;
Il parle lorsque l'esprit deviant calme.

Le monde invisible parle souvent plus fort que le monde visible.

Pretez-vous attention ?

Vibration

Dig deep into your soul
to find strength that has always been there.

Your frequency determines what you can achieve.

What miracles happen
When you raise your vibration?

Vibration

Creusez profondément dans votre âme
Pour trouver la force qui a toujours été là.

Votre fréquence détermine ce
que vous pouvez atteindre.

Quels miracles se produisent
Lorsque vous élèvez votre vibration ?

Connectedness

Prayer is speaking to the divine;
meditation is "listening to" its response.

Seeing with the spirit means perceiving
beyond the illusion of separation.

*What happens when you maintain
a constant conversation with God?*

Connectivité

La prière, c'est parler au divin ;
la méditation, c'est "écouter" sa réponse.

Voir avec l'esprit signifie
Percevoir au-delà de l'illusion de la séparation.

*Que se passe-t-il lorsque vous maintenez
une conversation constante avec Dieu ?*

Emptiness

Seeing sometimes requires space, not more input.

Clarity is not found in adding more,
but in removing what is unnecessary.

What truth might emerge,
If you clear your mental clutter?

Le Vide

La vision requiert parfois de l'espace, pas plus d'informations.

La clarté ne consiste pas à ajouter plus,
mais à supprimer ce qui est inutile.

Quelle vérité pourrait émerger
si vous éliminiez votre fouillis mental ?

Expansion

Vision expands when you allow yourself to step into

the unknown.

The more you grow, the more you see.

What becomes visible
When you step outside your comfort zone?

Expansion

La vision s'élargit lorsque vous vous autorisez à entrer

dans l'inconnu.

Plus vous grandissez, plus vous voyez.

Qu'est-ce qui devient visible
Lorsque vous sortez de votre zone de confort ?

The Wellspring of Grace
— a sonnet —

You are never empty, though storms may arise,
Though doubt like a shadow may cling to your name.
A light ever burns beneath weariest skies,
A whisper of truth no sorrow can tame.

Grace flows eternally from the core of your being,
A river unbroken, a fountain unseen.
It cleanses, restoring, and quiets all fleeing—
A balm for the spaces where pain once had been.

When fear tells a tale of your worth growing thin,
Remember the source that no trial can drain.
The wellspring within is not earned by the skin,
But gifted through love, through joy and through pain.

So, drink of your wholeness, let doubt be erased—
Your soul is a temple, the home of all grace.

La Source de la Grâce
— un sonnet —

Tu n'es jamais vide, même si les tempêtes peuvent surgir,
même si le doute, telle une ombre, peut s'accrocher à ton nom.
Une lumière brûle toujours sous les cieux les plus fatigués,
Un murmure de vérité qu'aucun chagrin ne peut dompter.

La grâce coule éternellement du plus profond de ton être,
Un fleuve ininterrompu, une fontaine invisible.
Elle purifie, restaure et apaise toute fuite —
Un baume pour les espaces où la douleur a jadis été présente.

Quand la peur te raconte l'histoire de ta valeur qui s'amenuise,
Rappelle-toi la source qu'aucune épreuve ne peut tarir.
La source intérieure ne se gagne pas par la peau,
Mais est offerte par l'amour, la joie et la douleur.

Alors bois de ta plénitude, que le doute s'efface —
Ton âme est un temple, la demeure de toute grâce.

The Whispers of God:

The answers you seek
are often delivered in whispers,
through nature, music and art,
not words or shouts.

What truths reveal themselves,
When you embrace the universe around you?

Les Murmures de Dieu

Les réponses que vous cherchez
sont souvent délivrées par des murmures, la nature,
la musique et l'art,
pas par des mots ou des cris.

Quelles vérités se révèlent
lorsque vous embrassez l'univers qui vous entoure ?

Synchronicity

Meaningful life occurrences, patterns and
"Coincidences"
are signs that you are being guided.

*The universe whispers through repetition
—are you paying attention?*

Synchronicité

Les événements, les schémas et les "Coincidences"
significatifs de la vie
sont des signes que vous êtes guidé.

*L'univers murmure par répétition :
y prêtez-vous attention ?*

The Gift of Presence

In the now, all of life reveals its eternal wisdom.

Seeing clearly begins with being here,
not lost in the past or future.

*What do you notice,
when you fully arrive in this moment?*

Le Don de la Présence

Dans le présent,
toute la vie révèle sa sagesse éternelle.

Voir clairement commence par être ici,
sans se perdre dans le passé ou le futur.

*Que remarquez-vous
lorsque vous arrivez pleinement dans l'instant
présent ?*

Your Spirit Knows

The Spirit intercedes with groanings too deep for words,
guiding you in perfect wisdom.

Not everything can be seen with the eyes.
Not everything can be known with the mind.

What do you lean on to explore the unknown?

Votre Esprit Sait

L'Esprit intercède avec des gémissements trop
profonds pour être exprimés,
vous guidant dans une sagesse parfaite.

Tout ne peut pas être vu avec les yeux.
Tout ne peut être connu avec les pensées.

Sur quoi vous appuyez-vous pour explorer l'inconnu ?

Authenticity

The more you are true to yourself,

The clearer you see.

What illusions do you need to release,

To see yourself clearly?

Authenticité

Plus vous êtes fidèle à vous-même,

plus vous voyez clair.

De quelles illusions avez-vous besoin de vous libérer,

pour vous voire clairement ?

Introspection

Awareness of your inner patterns leads to liberation.
Looking inward is the first step toward transformation.

*What do you see
when you face yourself without judgment?*

Introspection

La conscience de vos schémas intérieurs mène à la libération.
Regarder vers l'intérieur est la première étape vers la transformation.

Que voyez-vous lorsque vous vous regardez en face sans jugement ?

Silence Speaks

When you silence the noise,
the universe within becomes your greatest teacher.

Sometimes, answers come not in "words,"
but in quiet knowing.

What becomes knowable when the noises fade?

Le Silence Parle

Lorsque vous faites taire le bruit,
l'univers intérieur devient votre plus grand enseignant.

Parfois, les réponses ne viennent pas en "sons,"
mais dans la connaissance tranquille.

*Qu'est-ce qui devient connaissable
lorsque les bruits s'estompent ?*

The Power of Nowhere

To be "nowhere" is to be "now here"—present with all that is, free of judgment or fear.

*What's keeping you
from living in the now, here?*

Le Pouvoir du Nulle Part

Être « nulle part » c'est être « maintenant ici » - présent avec tout ce qui est, libre de tout jugement ou de toute peur.

*Qu'est-ce qui vous empêche
De vivre dans le present, içi ?*

Faith and Eternal Beginnings

Every moment offers a chance
to begin anew by going inward.

Faith is the ability to hold space
For the unseen to manifest.

Can you trust in
what you cannot yet see?

La Foi et Les Commencements Éternels

Chaque instant offre une chance
de recommencer en allant vers l'intérieur.

La foi est la capacité de laisser l'éspace
à l'invisible pour se manifester.

Pouvez-vous faire confiance à
ce que vous ne pouvez pas encore voir ?

ABOUT THE AUTHOR

Marjory Sheba is an international speaker and award-winning author who through her writings and organized events, empower people, promote conscious awareness, and inspire transformation. Learn more at www.MarjoryShebaLive.com.

À PROPOS DE L'AUTEUR

Marjory Sheba est une conférencière internationale et une auteure primée. Grâce à ses écrits et à ses événements organisés, elle valorise les individus, promeut la prise de conscience et inspire la transformation. Pour en savoir plus, rendez-vous sur www.MarjoryShebaLive.com.

ABOUT THE BOOK

What if the clearest vision comes only after you close your eyes?

"Sometimes You Have to Close Your Eyes to See" is a deeply poetic and powerful bilingual book (English and French), for anyone seeking a deeper connection with their inner truth. This transformative guide explores 40 key insights—each paired with a soul-provoking question designed to awaken reflection, growth, and alignment—and gently leads the reader into a new way of perceiving. Not merely through sight, but through enlightenment, faith, and spirit.

Marjory Sheba weaves each page with graceful language, deep wisdom, and the resonance of her original sonnets and digital illustrations. These creative offerings serve not only as inspiration but also as meditative tools to enhance one's journey toward inner seeing, healing, and spiritual awakening.

—Stellar Publishing

À PROPOS DU LIVRE

Et si la vision la plus claire n'apparaissait qu'après avoir fermé les yeux ?

« Parfois, il faut fermer les yeux pour voir » est un livre bilingue (anglais et français), profondément poétique et puissant, destiné à tous ceux qui recherchent une connexion plus profonde avec leur vérité intérieure. Ce guide transformateur explore 40 idées clés, chacune associée à une question stimulante conçue pour susciter la réflexion, la croissance et l'alignement, et guide doucement le lecteur vers une nouvelle façon de percevoir. Non seulement par la vue, mais aussi par l'illumination, la foi et l'esprit.

Marjory Sheba tisse chaque page avec un langage élégant, une profonde sagesse et la résonance de ses sonnets originaux et de ses illustrations numériques. Ces propositions créatives sont non seulement une source d'inspiration, mais aussi des outils de méditation pour enrichir le cheminement vers la vision intérieure, la guérison et l'éveil spirituel. — Stellar Publishing

—Stellar Publishing

STELLAR PUBLISHING

ISBN: 979-8-9887649-3-9

www.ingramcontent.com/pod-product-compliance
Lightning Source LLC
Chambersburg PA
CBRC090058100526
44582CB00013B/177